DISCOURS
DE M. TANEVOT,

Président de la Société Fraternelle des Anciens Représentans de la Commune de Paris, à M. l'Evêque du Calvados, prononcé à la Séance du 2 mai 1791.

Monsieur l'Évêque du Calvados,

Organe aujourd'hui de cette Société, par la Place honorable que j'y occupe, je me

A

féliciterois , si je n'avois , MONSIEUR, qu'à
vous exprimer la joie qu'ont éprouvé tous ses
Membres, lorsqu'ils ont appris votre nomination
à l'Évêché du Calvados. Mais à cette satisfaction
se mêle nécessairement l'amertume de penser
que cette Dignité vous éloigne à jamais de la
Capitale, et que c'est ici la dernière fois que
nous vous avons au milieu de nous.

La Providence vient, MONSIEUR, de vous
placer sur un grand théâtre. Elle vous avoit
départi à l'avance tout ce que vous pouviez am-
bitionner pour y paroître avec éclat et y produire
les plus grands fruits. Il ne falloit pas moins
qu'une ame telle que la vôtre, forte, intrépide,
énergique, un génie d'une trempe privilégiée,
au-dessus des préjugés, leur ennemi aussi cons-
tant que promoteur zélé de toutes vérités ; il ne
falloit pas moins qu'un Prêtre courageux, instruit,
éloquent, persuasif, Citoyen enfin, pour remplir
le Siège difficile et orageux du Calvados.

Suivez vos destinées ; allez exercer vos talens
et vos vertus dans cet hémisphère agité ; allez
toucher, gagner et changer les cœurs de ces
dissidens qui y entretiennent le trouble et la
division : Apôtre éclairé d'une Constitution qu'ils
méconnoissent et blasphêment, allez leur ap-
prendre à la respecter, la bénir et l'aimer : que

le schisme y disparoisse devant vous ; que la concorde et l'union y renaissent. Puissiez-vous, longues années, régir le troupeau qui s'est donné à vous, avec un succès digne de vous et de lui : communiquez-lui quelques étincelles de ce feu sacré qui vous dévore pour la religion et pour la patrie ; qu'il apprenne de vous, qu'aimer Dieu et chérir ses frères, c'est accomplir toute la loi, et que la charité est la source de la paix, le lien de toute société, qu'elle est tout, religion, mœurs, tranquillité, concorde, bonheur ; qu'elle a dicté le chapitre des droits de l'homme, et tout ce qu'il y a de juste et de bon dans la nouvelle Constitution.

Qui mieux que vous, MONSIEUR, peut faire aimer cette Constitusion que vous possédez à fond, que vous avez quelquefois censurée dans divers de ses Décrets qui n'ont été que des dispositions de circonstance, et que votre génie calculateur et philosophique eut été capable de créer, si l'état des choses, avant la révolution, n'eût pas classé au rang des chimères toute spéculation de ce genre.

Votre élévation à l'Épiscopat a le suffrage absolu de tous les vrais amis de cette Constitution. Ils regardent votre nouvelle dignité, comme une récompense qui étoit due à votre patriotisme inébranlable et désintéressé. Mais ils voyent aussi avec plaisir , qu'en même temps qu'elle vous amalgame d'une manière indissoluble avec la Constitution ; elle vous impose le devoir strict de continuer à la défendre de toute la plénitude de votre zèle et de vos talens.

Ses ennemis, qui, par cette raison , ne peuvent qu'être les vôtres , vous envisagent avec effroi , placé sur le Siège Épiscopal. Vous allez partager leur haine avec tous ces généreux Pontifs constitutionels, vos Collègues, objets de leurs sarcasmes et de leur déplaisance. Consolez-vous ; la haine des détracteurs n'attaque que les talens qui leurs font ombrage ; elle atteste la réalité et la supériorité des vôtres ; c'est un rayon de plus pour votre gloire.

Ils ne dissimulent pas, vous le savez , leur étonnement qu'on ait fait un Évêque d'un Prêtre, suivant eux , enthousiaste , qui outre tout , qui fronde tout, plus verbeux que solide , moins métaphysicien que sophiste , guindé et métaphoriste , cherchant plus à éblouir qu'à éclairer &c.

Qu'y a-t-il de merveilleux qu'une vue exercée et perçante découvre ce qui échappe à des yeux foibles ? Où est le prodige qu'un génie vaste et profond, qu'un esprit pénétrant saisisse des vérités abstraites , auxquelles des conceptions lentes ou ordinaires ne peuvent pas atteindre ? Il n'y a que des têtes foiblement organisées ; il n'y a que des gens irréfléchis, discords ou prévenus, qui puissent s'élever et s'inscrire contre des propositions mâles et positives, mais qui ne leur paroissent téméraires que parce qu'elles sont neuves ou trop fortement prononcées, ou plutôt parce qu'ils ne les comprennent pas.

Il est vrai, et ce sera le seul tort peut-être qu'ils pourroient vous reprocher. Dans vos discours politiques, vous avez presque toujours plané trop haut pour une partie de vos auditeurs. Vous ne vous en doutiez pas ; vous leur échappiez ; ils vous perdoient et vous croyoient vous-même perdu dans la région des chimères et des visions.

C'est ainsi qu'on a pris, pour de l'impiété, ce que vous avez dit de l'aristocratie de la Synagogue, qu'elle avoit attaché N. S. Jésus-Christ à la croix ; pour du Déisme, dans votre éloge funèbre de Benjamin-Francklin, le salut des Sages de toutes les religions.

C'est ainsi, qu'on vous a taxé de vouloir établir parmi nous la Loi agraire, lorsque vous avez essayé de démontrer cette vérité incontestable, mais trop peu sentie, que dans toute grande société politique chacun de ses citoyens a droit à y trouver sa suffisante vie.

C'est ainsi, qu'on vous a improuvé en pleine Séance, lorsqu'en parlant de Voltaire, vous avez eu le courage de lui refuser quelques lauriers qui sont en effet de trop dans sa couronne, et qu'un esprit juste ne doit pas y souffrir ; et lorsque dans vos savantes discussions sur le Contrat Social de Rousseau, vous avez combattu, quoiqu'avec des ménagemens dûs à la mémoire de ce grand et respectable philosophe, les erreurs politiques qu'il y a soutenues, et dont vous avez rendu l'absurdité palpable.

C'est ainsi enfin qu'on vous a reproché de travailler contre l'Assemblée Nationale, lorsque vous avez produit, sous tant de formes, le principe salutaire et incontestable, que la Constitution qu'elle donne à la France, ne seroit Loi positive, que lorsque la France entière y auroit donné son assentiment, après libre examen.

Tranchons le mot. Vous étiez la plupart du temps à un demi siècle en avant de la Révolution; voyant les choses dans un grand éloignement; réunissant l'avenir au temps présent ; jugeant de l'un par l'autre ; les combinant, les disséquant, les rapprochant, tandis qu'une partie de votre auditoire, loin de pouvoir saisir et apprécier ce vaste ensemble, avoit peine à vous comprendre et s'égaroit dans vos recherches, ou se refusoit à pénétrer avec vous dans ce labytinthe.

Une guerre d'un autre genre, et à laquelle l'Athlete que vous remplacez a préféré de se soustraire, vous attend ; vous aurez à lutter pour votre propre cause ; pour le soutien, dans le spirituel, de ce nouvel ordre de choses, auquel vous êtes redevable de votre nouvelle dignité.

Le Clergé refractaire et ses nombreux partisans dans le Diocèse que vous allez gouverner, sont déjà disposés à y traverser vos travaux, et à vous susciter pieusement le plus d'embarras qu'ils pourront. Vous êtes sans doute supérieur à ces obstacles ; vous les surmonterez. Vous avez avec vous votre courage, votre génie et votre conscience. On est à-peu-près invulnérable sous cette triple cuirasse ; mais il faudra repousser les traits lancés contre vous ; mais il faudra vous opposer personnellement à cette phalange, protéger votre troupeau contre toute atteinte de sa part, éviter qu'elle ne l'entame ; il faudra poursuivre le fanatisme, par-tout où il osera lever la tête, éventer ses mines, déjouer ses manœuvres ; il faudra veiller sur les Ouailles et sur leurs divers Gardiens, aiguillonner, seconder, éclairer le zèle et la conduite de vos Collaborateurs, vous faire, en un mot, tout à tous, pour tous et envers tous.

Malgré votre étonnante facilité pour le travail, malgré les ressources inépuisables de votre génie, et toute la fécondité de votre esprit, cette lutte journalière, cette surveillance de tous les momens, prendront tellement sur votre temps, sur votre repos, imposeront tant de soins à votre sollicitude pastorale, qu'il vous restera difficilement du loisir pour suivre de loin en loin quelque commerce épistolaire avec les deux sociétés de cette Capitale dont vous étiez l'ame et la vie, et pour lesquelles il ne survivroit, après votre départ que cette ressource pour continuer leur existence.

Vendredi soir, et en faisant vos adieux à celle des Amis de la Vérité, vous lui avez promis non-seulement d'être toujours de cœur et d'esprit au milieu d'elle, mais même de concourir par vos productions à accroître et soutenir l'intérêt de ses Séances. Elle a des droits à ce généreux effort de votre part. Vous l'aviez épousée ; elle vous doit ce qu'elle étoit devenue. La nôtre n'ose pas former les mêmes prétentions ; elle n'offre pas un intérêt aussi majeur ; elle n'a d'ailleurs jusqu'ici rien fait, rien entrepris qui mérite de vous stimuler à coopérer par un sacrifice égal à sa consistance future. Et puis, quest-ce que ce qui pourroit produire cet effet précieux pour elle, vis-à-vis de tant d'objets si importans confiés à la vigilance d'un Pasteur en chef? Elle ne peut donc que s'en remettre à ce que votre complaisance pourra vous inspirer en sa faveur. Seulement elle se flatte, elle attend que vous n'oublierez jamais qu'elle est composée des anciens Membres de cette Commune mémorable qui vous a placé quatre fois librement à sa tête, dans laquelle vous avez fait vos premières armes en administration politique, et dont vous avez prolongé l'existence publique par votre fermeté intrépide à soutenir sa légalité contre ses envieux et ses détracteurs.

Cette Société Fraternelle de vos anciens Collègues voit ce moment-ci avec chagrin. Elle partage ce chagrin avec la Capitale, avec tous vos amis; mais deux réflexions le tempèrent: l'une naît de son civisme, qui doit lui faire sacrifier le désir qu'elle auroit de vous posséder toujours, au bien que votre résidence va produire parmi nos frères du Calvados; l'autre naît de l'espoir assez fondé que votre absence ne sera pas de longue durée, et que la patrie entière voudra profiter de votre patriotisme et de vos lumières dans la prochaine Législature.

Je vous réitère ici, MONSIEUR, au nom de cette même Société, les assurances de l'attache-

ment sincère qu'elle vous a voué. Il durera pro-
bablement plus qu'elle ; mais il se perpétuera
isolément dans tous ses Membres jusqu'au dernier
soupir du dernier survivant d'entr'eux.

Signés, TANEVOT, *Président de la Société*
Fraternelle des Anciens Représentans
de la Commune.

Pour copie conforme à l'original.
CHAPPON, *Secrétaire.*

EXTRAIT du Procès-Verbal de la Société Fraternelle de MM. les Anciens Représentans de la Commune de Paris, du 2 mai 1791.

Ouï le discours de M. le Président à M. l'Évêque du Calvados, l'Assemblée a unanimement arrêté que ce discours seroit imprimé et envoyé à MM. les Administrateurs et Officiers du Département, des Districts et des Municipalités du Calvados; et sur la motion d'un des Membres de la Société, de joindre au discours de M. le Président, une adresse de félicitation qui porte en même-temps l'expression des regrets de l'assemblée. La motion mise aux voix et acceptée à l'unanimité, MM. Godard, Michel et Vincendon ont été chargés du projet de cette adresse.

Signés, TANEVOT, *Président.*

BALLIN,
CHAPPON, } *Secrétaires.*

LA SOCIÉTÉ FRATERNELLE

des Anciens Représentans de la Commune de Paris, aux Citoyens du Département du Calvados.

CITOYENS ET FRERES,

VOUS vous rejouissez de la conquête que vous venez de faire sur la Capitale, en appellant au milieu de vous, et plaçant sur le Siège Episcopal de votre Département l'un des plus fervens amis de la liberté, et l'un de ceux de qui la révolution a reçu les plus éminens services. Agréez nos félicitations sur un choix qui vous honore, et qui vous sera, plus d'une fois, envié. Mais souffrez, en même-temps, que les anciens compagnons de votre nouveau Prélat, ceux qui ont servi avec lui la patrie, au milieu des convulsions de la liberté et des périls que faisoient naître ses ennemis, versent dans votre sein les larmes qu'ils doivent au collègue chéri qui leur échappe ; souffrez qu'ils soulagent, en quel-que sorte, leur douleur, en vous parlant un moment de celui que vous avez la gloire de leur enlever.

Son ame libre et fière n'a sû, dans aucun temps, se plier à l'esclavage, sous le règne même du despotisme ; il a souvent, dans la chaire de vérité, et en présence d'une Cour do-minatrice, développé les principes fondamentaux de la Constitution qui nous a été donnée ; et dès-lors même, par cette courageuse anticipation sur l'avenir, il conquéroit des ames à la liberté.

La révolution arrive ; et il est l'un des premiers ecclésiastiques dont le nom soit inscrit sur la liste honorable de ces Électeurs de 1789, qui ont eu, pendant quelques jours, entre leurs mains, le destin de la France, et qui ont sauvé la France par leur dévouement, leur prudence et leur zèle.

La Bastille est attaquée ; aussi-tôt il vole sur le champ de bataille, pour capituler, s'il est possible, avec le Gouverneur de cette forteresse ; il se place intrépidement entre les feux opposés des combattans, sans autres armes que son élo-quence, sans autre défense que son patriotisme, encourageant par sa contenance héroïque ceux qui attaquoient le fort, effrayant, par sa seule présence, les assiégés ; enfin, ceux-ci sont vaincus, et dans le partage de gloire de cette journée décisive, il ne recueille pas la moindre portion des lauriers destinés aux vainqueurs.

Dans ces momens difficiles, il falloit, pour surveiller les malfaiteurs et entretenir l'ordre dans la Capitale, un homme qui réunît de vastes lumières à une infatigable activité. *CLAUDE FAUCHET* est élu Président de ce Comité de Police, qui, pendant quatre mois, a vecu au milieu des dangers sans les craindre, et les a tous éloignés de la cité qui les redoutoit.

Dans des temps plus calmes, quoique toujours parsemés d'orages, il a veillé pour la Constitution avec une égale ardeur ; électrisant toutes les ames du feu sacré de la liberté, soit dans la tribune de l'Hôtel-de-Ville, soit dans celle de l'église, soit sur la place publique ; lorsque les mouvemens populaires y appelloient sa vigilance ; on l'a vu tour à tour, défendant la liberté par la religion, et la religion par la liberté, prouvant l'accord inséparable, les rapports intimes de l'une avec l'autre, et augmentant ainsi les prosélytes de toutes les deux.

Voilà, Citoyens et Frères, l'homme que nous vous donnons, ou plutôt que vous nous enlevez. Jugez s'il est digne de tous nos regrets, et s'il ne méritera pas toute votre affection. Quand vous connoîtrez, comme nous, son ame franche et loyale, son inclination pour les bons, sa haine pour les méchans, son mépris pour les esclaves; quand vous saurez, comme nous aussi, que les pauvres sont assurés de trouver en lui un père, les malheureux un consolateur, vous aimerez en lui l'homme privé, autant que vous admirez aujourd'hui l'homme public; vous le chérirez comme nous le chérissons; et si quelque circonstance le rend un jour à la Capitale affligée de son départ, vous nous adresserez alors de douloureuses félicitations comme celles que nous vous adressons en ce moment; vous le pleurerez comme nous le pleurons tous.

Ah! que, jusqu'à cette époque, si elle arrive jamais, ou que pendant le cours entier de sa vie, si elle vous est consacrée toute entière, il soit heureux au milieu de vous et par vous; qu'il le soit, à la fois, et par votre affection dont il jouira, et par le souvenir immortel que nous lui garderons; enfin, soyons envers lui rivaux d'attachement, comme nous le sommes entre nous de patriotisme, et aimons-le constamment, comme nous aimerons constamment la liberté.

De l'Imprimerie de la Caisse d'Epargnes, rue des Nonaindières, N°. 31.

www.ingramcontent.com/pod-product-compliance
Lightning Source LLC
Chambersburg PA
CBHW061712050726
47598CB00004B/1797